BEI GRIN MACHT SICH IHR WISSEN BEZAHLT

- Wir veröffentlichen Ihre Hausarbeit,
  Bachelor- und Masterarbeit

- Ihr eigenes eBook und Buch -
  weltweit in allen wichtigen Shops

- Verdienen Sie an jedem Verkauf

Jetzt bei www.GRIN.com hochladen
und kostenlos publizieren

Marius Meyer

CDU - Verlust der Mitte?

Die schwindenden Machtressourcen der Christdemokratie

GRIN Verlag

Bibliografische Information der Deutschen Nationalbibliothek:

Die Deutsche Bibliothek verzeichnet diese Publikation in der Deutschen National-
bibliografie; detaillierte bibliografische Daten sind im Internet über http://dnb.d-
nb.de/ abrufbar.

Impressum:

Copyright © 2006 GRIN Verlag GmbH
Druck und Bindung: Books on Demand GmbH, Norderstedt Germany
ISBN: 978-3-638-93361-2

Dieses Buch bei GRIN:

http://www.grin.com/de/e-book/85033/cdu-verlust-der-mitte

GRIN - Your knowledge has value

Der GRIN Verlag publiziert seit 1998 wissenschaftliche Arbeiten von Studenten, Hochschullehrern und anderen Akademikern als eBook und gedrucktes Buch. Die Verlagswebsite www.grin.com ist die ideale Plattform zur Veröffentlichung von Hausarbeiten, Abschlussarbeiten, wissenschaftlichen Aufsätzen, Dissertationen und Fachbüchern.

Besuchen Sie uns im Internet:

http://www.grin.com/

http://www.facebook.com/grincom

http://www.twitter.com/grin_com

Westfälische Wilhelms-Universität Münster
Institut für Soziologie
Hauptseminar: Soziologie der Parteien
Sommersemester 2006

CDU – *Verlust der Mitte?*

Die schwindenden Machtressourcen der Christdemokratie

Marius Meyer

Inhaltsverzeichnis

1 Einleitung

Lange Jahre schien die CDU die „natürliche Regierungspartei" der Bundesrepublik zu sein. Doch seit den neunziger Jahren ist die Rede vom Ende der „christdemokratischen Ära" (Bösch/Walter, 1998, S. 46ff.). Augenfällig wurde dies in der Bundestagswahl des Jahres 1998: Nach 16 Jahren Regierung Kohl verloren Union und FDP die Macht an die erste rot-grüne Bundesregierung. Gleichzeitig regierten die Sozialdemokraten auch elf der sechzehn Bundesländer. Die ursprünglichen CDU-Bastionen Nordrhein-Westfalen und Niedersachsen waren schon lange an die SPD gefallen und wurden erst 2004 und 2005 zurückgewonnen.

Das Ende der christdemokratischen Ära war keine deutsche Spezialität. In ganz Europa hatten die christlichen Parteien Wähler und Mitglieder verloren, war ihr Einfluss dezimiert worden. Das Besondere in Deutschland: Die Entwicklung kam Jahre später.

Das Referat „CDU – Verlust der Mitte?", dass ich mit Theresa Nietsch gehalten habe und dessen Ausarbeitung dieser Text ist, ging der These nach, dass die CDU verschiedene *Machtressourcen* hatte, die sie inzwischen verloren hat. Dazu stellten wir die verschiedenen Ressourcen dar und analysierten sie. Zuletzt untermauerten wir die These des Ressourcenverlustes durch entsprechende Zahlen und Statistiken. Im Referat hatte ich diesen letzten Part übernommen, auf den ich hier besonders eingehen werde. Ich habe die entsprechenden Grafiken und Zahlen bei der Darstellung der Ressourcen eingefügt. Am Ende habe ich Grafiken über die Mitgliederzahl und die Stammwählerschaft der CDU ergänzt, in denen die Entwicklung der Machtressourcen sich widerspiegelt.

2 Der Begriff der „Mitte"

Den Begriff der *politischen Mitte* genau zu definieren, ist schwierig, wenn nicht unmöglich. Rainer-Olaf Schultze beschreibt ihn in Nohlens „Lexikon der Politik" als „analytisch nicht brauchbar und als politischer Kampfbegriff fast beliebig einsetzbar": „Mitte" sei ein

> „im politischen Alltag gern und häufig verwandter weil eingängiger, aber auch besonders unpräziser, ja schillernder Begriff. (...). Als politisch-ideologischer Richtungsbegriff meint er die zentristischen, gemäßigten politischen Kräfte zwischen den Polen Rechts und Links. Soziologisch bezeichnet er die Mittelschicht(en)." (Nohlen, Dieter: Lexikon der Politik, Band 7, S. 390 f. 1998)

Dementsprechend ist der Begriff eine Negativdefinition: Zur Mitte gehören alle, die nicht links- oder rechtsextrem sind. Im Umkehrschluss bedeutet das, dass man den politischen Gegner, den man nicht als Teil der politischen Mitte ansieht, in die Nähe des Extremismus rückt. Wer sich als Vertreter der Mitte sieht, sieht sich als Vertreter der übergroßen gesellschaftlichen Mehrheit. Eine *Politik der Mitte* will das bestehende System reformieren, nicht revolutionieren.

3 Die Machtressourcen

Als Machtressourcen der CDU wirkten die *Gründungsressource, die christliche Grundorientierung, der Antisozialismus, die demografische Ressource* und der erfolgreich durchgesetzte Anspruch, *Partei der Mitte* zu sein. Damit hatte die CDU eine ungewöhnlich hohe Zahl von Ressourcen. Die SPD hatte im Gegensatz dazu ihre einzige genuine Ressource, *Partei der Arbeiterklasse* zu sein, schon vor Jahrzehnten verloren, da sich – auch durch die Politik der SPD – die Situation der Arbeiter verbessert hatte. Diese wurden beispielsweise mit staatlicher Unterstützung Hauseigentümer und bauten Vermögen auf – und empfanden sich nicht mehr als Teil der Arbeiterklasse, eine Entwicklung, die zur Proklamation der „Neuen Mitte" führte. Ähnliches erlebte Großbritannien. Dort führte die Politik der Konservativen – beispielsweise sei hier der Verkauf von staatlichen Wohnungen an die Mieter genannt, der von der Regierung Thatchers durchgeführt wurde – zu einem dauerhaften Machtverlust für die Labour Party, bis diese erfolgreich in die Mitte rückte und als „New Labour" an die Macht zurückkehrte.

Im Folgenden möchte ich genauer auf die einzelnen CDU-Machtressourcen eingehen.

3.1 Die Gründungsressource

Die *Gründungsressource* ist in der Wahrnehmung eines Großteils der deutschen Bevölkerung begründet, dass die CDU die Gründungspartei der BRD und des Wirtschaftswunders gewesen sei. Die CDU erschien als die Partei, die bereits kurz nach dem Zweiten Weltkrieg durch die Regierung Konrad Adenauers den Grundstein für Wohlstand legte und die Bundesrepublik zum Schutz gegen den Kommunismus an den Westen angliederte, in NATO und EG verankerte – und auch politisch die Deutschen von ihrer jüngsten Vergangenheit entlastete.

Bereits in den 80er Jahren versiegte die Gründungsressource. Die Menschen, die das Ende des Krieges und das Wirtschaftswunder bewusst miterlebt hatte, bildeten einen immer kleineren Teil der Bevölkerung. Die CDU hatte sich auch zu lange auf Ludwig Erhards Erbe ausgeruht, ohne einen neuen Erhard hervorzubringen. So verschleuderte sie den Anspruch, Partei des Wohlstands und der wirtschaftlichen Kompetenz zu sein. In den Zeiten eines Wählerverhaltens, das immer stärker durch Rationalität geprägt ist, reicht die Legende eines Politikers, der Jahrzehnte zuvor aktiv war, nicht mehr aus, um Wähler und Anhänger mobilisieren.

3.2 Christliche Grundorientierung

Parteibildend und identitätsstiftend wirkte die zweite Ressource, die *christliche Grundorientierung* der Union. Mit der Einigung auf das konfessionsübergreifende „C" konnte die Union die Spaltung des bürgerlich-agrarischen Lagers überwinden. Mit dem Kriterium der Kirchenzugehörigkeit umschloss die Union zudem die denkbar größte Menge aller Bürger. Außerdem bot das identitätsstifende „C" den großen Vorteil, dass es einen überzeitlichen verankerten Wertekatalog anbot, dessen Ursprung weder im Bereich der Politik noch der Wirtschaft lag. Die CDU baute sich somit zum Garanten der Werte auf, die im ersten Vierteljahrhundert der Bundesrepublik als erstrebenswert und bewahrenswert galten. Ehe, Familie und Moral waren nur einige wenige Assoziationen, die über das „C" vermittelt wurden.

Die Organisationsstruktur der Partei basierte auf dem Verbandswesen des katholischen Milieus, denn die katholischen Parteiführer hatten schon vor 1933 in der Zentrumspartei viele Erfahrungen sammeln können, beispielsweise beim Ausbalancieren verschiedener Interessen. Die katholische Zentrumspartei war bis 1933 eine Honoratioren- und Milieupartei gewesen. Sie hatte sich auf die Institutionen des katholischen Verbandswesens gestützt und dabei eine ausdifferenzierte Parteistruktur ausgebildet. Die Loyalität zur Kirche sicherte die Bindungen der Gläubigen an die Union. Aus der christlichen Lebenswelt rekrutierte sich so der Funktionsnachwuchs der Christdemokratie.

Diese *christlich-demokratische Quelle* ist ausgetrocknet. Das „C" mobilisiert und bindet nicht mehr ausreichend. Im Laufe der Säkularisierung veränderten sich die Normen und Wertbezüge der Deutschen grundlegend und entkirchlichten sich. Die Erosion der Wählerbindung, die sich schon seit den 70er Jahren vollzieht, ist ein kontinuierlicher Prozess. Die katholische Säule in der deutschen Gesellschaft wird immer kleiner. Dieser Entkopplungsprozess von katholischem Milieu und Union bereitet den Christdemokraten erhebliche Probleme. Auf der Nachwuchsebene reichen diese Probleme schon in die 50er und 60er Jahre zurück. Zu dieser Zeit wuchsen große Teile der Führungsschicht in katholischen Verbänden heran. So konnte die Union in die Gesellschaft hineinhorchen und blieb trotz aller Honoratiorenstrukturen damit volkstümlich und sozial. In den 70er und 80er Jahren entfernten sich das katholische Milieu und die Christdemokraten voneinander.

In dem Text „Verlust der Mitte" beschreiben Franz Walter und Frank Bösch die Sozialisation von CDU-Mitgliedern und Wählern in katholischen Jugendverbänden am Beispiel der Katholischen Jungen Gemeinde (KJG). Ich habe keine Zahlen dazu gefunden, aber ich habe eine kleine Umfrage in meinem eigenen Verband gemacht, der katholischen Deutschen Pfadfinderschaft St. Georg (DPSG). Ich habe 18 Personen im Alter zwischen 18 und 33 Jahren aus dem ganzen Bundesgebiet, die als Leiter auf Ortsebene oder als Funktionäre auf Bezirks- und Diözesanebene tätig sind, folgende Frage gestellt: „Welche Partei wählst Du?" Dabei ging es um Bundestags-, Landtags-, Kommunal- und Europawahlen. 15 waren katholisch, drei protestantisch. Einer gab an, fester CDU-Wähler zu sein, vier gaben an, bei Kommunalwahlen gelegentlich CDU zu wählen. Einer gab an, ehemals ein fester CDU-Wähler gewesen zu sein. Der Rest wählte SPD, die Grünen und die Linkspartei/PDS. Es gab keine Nichtwähler.

Diese Umfrage ist methodisch zwar repräsentativ, da die Befragten mich und meine politischen Präferenzen kennen. Sie zeichnet aber meines Erachtens dennoch ein klares Bild: Die CDU hat in der katholischen DPSG einen schweren Stand – und wahrscheinlich auch in den anderen katholischen Jugendverbänden.

Mein Vater ist in demselben Verband „groß geworden" und ist heute CDU-Bürgermeister. Er berichtete mir, dass vor vierzig Jahren, als er Vorsitzender eines DPSG-Stammes (Stamm=Ortsgruppe) war, es völlig unvorstellbar war, dass ein DPSG-Mitglied *nicht* CDU wählte.

3.3 Antisozialismus

Die *antisozialistische Ressource* half der CDU bei der Mobilisierung des Bürgertums, besonders vor Wahlen. Die Furcht vor „der roten Gefahr" schloss die verschiedenen bürgerlichen Milieus zusammen und verband sie mit dem politischen Katholizismus. Der Antisozialismus war damit das Fundament der christdemokratischen Einheit und der Ausgangpunkt für eine Mobilisierung der Wähler. Die Sozialdemokraten erleichterten der CDU den Wahlkampf, solange sie an klassenkämpferischen Parolen und Symbolen festhielten und eine Zielscheibe boten.

Diese Hilfe bekommt die CDU heute nicht mehr. Die DDR und die UdSSR sind untergegangen, die „Gefahr des Kommunismus" existiert nicht mehr. Außerdem bietet die SPD, die schon lange mehr und mehr auf Klassenkampfrhetorik verzichtete, spätestens seit der Ausrufung der „Neuen Mitte" und dem Abgang Lafontaines keine Angriffsfläche mehr für den Antisozialismus.

3.4 Demographische Ressource

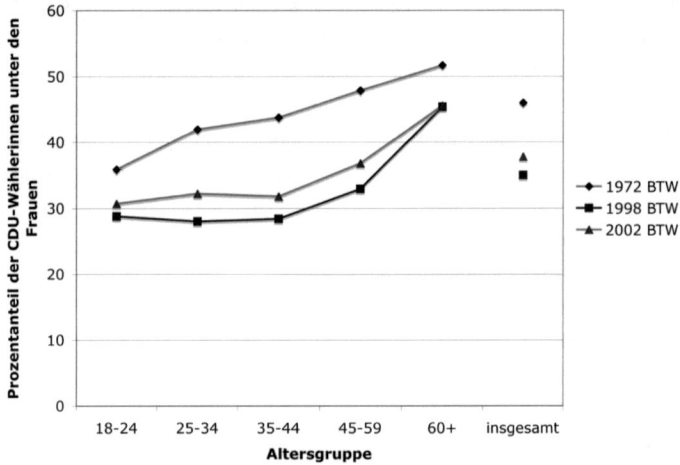

Abbildung 3.1: Anteil der CDU-Wählerinnen an der weiblichen Bevölkerung. Quelle: Wahllexikon 2004, Konrad-Adenauer-Stiftung, eigene Darstellung.

Lange Jahre konnte die CDU sich sicher sein, dass in einem Jahrgang ein immer größerer Teil CDU wählte, je älter die Menschen dieser Gruppe wurde. Doch auch diese *demographische Ressource*, die am längsten machtsichernd wirkte, ist versiegt. Besonders gut sichtbar ist diese Veränderung bei den Frauen, die bisher vor allem im Alter eine besonders treue Wählerschaft der CDU darstellten. Abbildung 3.1 zeigt, dass noch bei der Bundestagswahl 1972 galt: je älter eine Altersgruppe, desto höher die Stimmenzahl für die CDU. Doch bei den Bundestagswahlen 1998 und 2002 gilt dies nicht mehr. Zwar steigt die Zahl bei der Gruppe „60+" noch stark an, aber zwischen 18 und 44 Jahren gibt es keinen Anstieg mehr. Die CDU muss daher fürchten, dass in diesen Gruppen auch in Zukunft die Anzahl ihrer Wählerinnen nicht ansteigen wird. Das würde bedeuten, dass in 20 Jahren, wenn dieser Trend sich ungebrochen fortsetzt, aus der Kurve eine Gerade wird, die sich bei 30 Prozent durch alle Altersgruppen zieht.

Bei den Männern ist dieser Effekt nicht so stark vorhanden. Daraus lässt sich folgern, dass die CDU mit ihrer Politik moderne Frauen immer weniger erreicht. Sie hat sich nicht (in ausreichendem Maße) an die sich ändernde gesellschaftliche Rolle und Lebenswirklichkeit der Frauen angepasst.

Die Bundestagswahl 1972 habe ich als ein Beispiel gewählt, da die CDU damals bei den Erst- und Jungwählern, den so genannten 68ern, auf einem absoluten Tiefpunkt war. Wenn sich die Stimmenanteile der CDU auf diesem Level einpendeln, zeigt das umso mehr, wie verfahren die Situation für die CDU ist. Die sechziger und siebziger Jahre markieren einen demographisch-politischen Bruch, der heute wirksam wird. Die Jungen von damals bilden heute den Kern der Gesellschaft. Sie sind mehrheitlich gegen die CDU – und sie werden auch im Alter nicht CDU wählen. Dass dabei der Anteil der Alten an der Bevölkerung stark steigt, macht die Situation für die CDU noch prekärer.

3.5 Partei der Mitte

Seit Jahrzehnten nimmt die CDU für sich in Anspruch, die *Partei der Mitte* zu sein. Sie stellte die SPD ins linke Lager ab, wies sich selbst aber nicht die Vertretung des rechten Lagers zu, sondern beanspruchten die Mitte. Diese Selbsteinordnung ermöglichte, den nach 1945 diskreditierten national-konservativen Raum weitläufig zu umschließen und zugleich eine klare Abgrenzung nach Rechtsaußen zu schaffen. Aus dieser Position konnte die CDU bestimmen, wo um sie herum die linken und rechten Extreme lagen. Sie stand damit im Zentrum des Parteiensystems und war zentrales Element der Regierungsbildung.

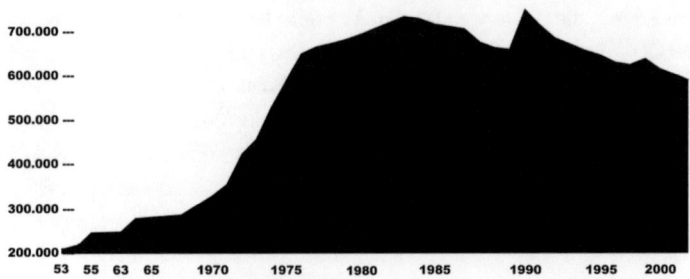

Abbildung 3.2: CDU-Mitgliederzahlen von 1953 bis 2003. Quelle: CDU-
Parteizentrale, eigene Darstellung.

Die CDU spiegelte die Mentalität der meisten Deutschen wider und hink-
te nur selten hinterher. Sie nahm das Volk mit, strengte es nicht zu sehr an
und mutete ihm nicht zuviel zu. Die Union stürzte sich nicht in Ideologien,
Visionen oder Zukunftsprojekte. Die Christdemokraten waren konservativ,
aber nicht mit „starrsinnig" oder „immobil". Der christdemokratische Kon-
servatismus war empirisch. Er hielt sich an Erfahrungen, Alltagswissen und
blieb pragmatisch bei den Gewohnheiten der Menschen. Insofern war die
CDU auch oft flexibler und anpassungsfähiger als eine Partei, die durch
Ideologien und Theorien geleitet wurde.

4 Mitglieder und Wählerzahlen

Heute schwinden die Mitglieder der „Volkspartei" CDU, siehe Abbildung 3.2. In der „alten Bundesrepublik" hatte sie 1983 die meisten Mitglieder, im Jahr zuvor war die sozialliberale Koalition Schmidts zerbrochen, wurde Kohl durch ein konstruktives Misstrauensvotum zum Kanzler gewählt. Bis zum Jahr 1983 war die Zahl der Mitglieder kontinuierlich gestiegen. Doch dann setzt der Mitgliederschwund ein, der nur einmal unterbrochen wird. 1990/91 steigen die Zahlen als Folge der Wiedervereinigung noch einmal an. Durch die Wiedervereinung wurde die *Ressource Gründungsmythos* noch einmal belebt.

Auch durch die schwindende Stammwählerschaft verliert die CDU. Die

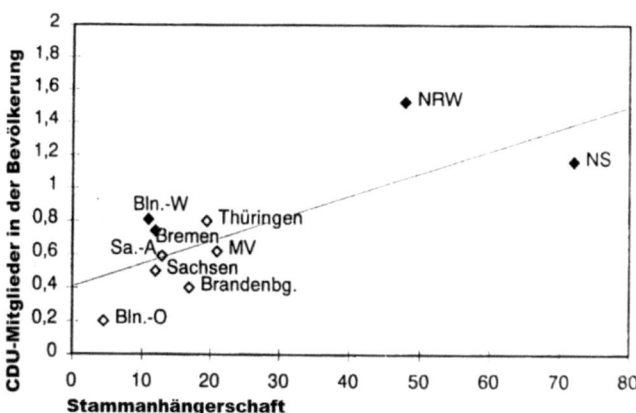

Abbildung 4.1: Die CDU-Mitglieder einer Region in Relation zur Stamman-hängerschaft, die aus Landwirten und Katholiken besteht. Quelle: Karsten Grabow, „Abschied von der Massenpartei", Wiesbaden 2000, S. 215

Abbildung 4.1 zeigt, dass sie dort viele Mitglieder hat, wo es besonders viele Katholiken und landwirtschaftliche Betriebe gibt. Aus diesen beiden Gruppen wird der Wert „Stammanhängerschaft" gebildet. Das Problem für die CDU: Sowohl die Zahl der in der Landwirtschaft Beschäftigten als auch die Zahl der gläubigen und praktizierenden Christen sind in den letzten Jahrzehnten stark zurückgegangen und gehen weiter zurück.

Literaturverzeichnis

[1] Bösch, Frank: Kontinuität im Umbruch - Die CDU/CSU auf dem Weg ins neue Jahrhundert; in: APuZG, Band 5, 2000

[2] Bösch, Walter und Franz Walter: Verlust der Mitte - Die Erosion der christlichen Demokratie; in: Blätter für deutsche und internationale Politik, Heft 43, 1998

[3] Dürr, Tobias : Die CDU nach Kohl, 1998

[4] Konrad-Adenauer-Stiftung: Wahllexikon 2004 – Wahlergebnisse in der Bundesrepublik Deutschland und in den Ländern 1946 – 2004.

[5] Walter, Franz: Politik in Zeiten der "Neuen Mitte"– Essays; in: Elmar Wiesendahl - Parteien in Perspektiven, 1998

[6] Wiesendahl, Elmar: Mitgliederparteien am Ende? – Eine Kritik der Niedergangsdiskussion, 2006